W0070795

A.E. WILDER SMITH

Greift der Christ zur Waffe?

VERLAG SCHULTE + GERTH, ASSLAR

Best.-Nr. 15516
ISBN 3-87739-516-3
1. Auflage April 1978
2. Auflage November 1978
3. Auflage 1980
Umschlaggestaltung: Gisela Scheer
Satz: dateam, Frankfurt am Main
Druck: Ebner Ulm
Printed in Germany

INHALT

ALLGEMEINES

Greift ein Mensch gegen Menschen zur Waffe, dann übt er an seinen Mitmenschen Gericht aus, ganz gleich, ob er der Angreifer ist, oder ob er sich nur verteidigt. Er wird damit zum Gerichtsvollstrecker.

Die Frage, ob der Christ zur Waffe greifen, also Gericht ausüben soll, bewegt die Jugend heute sehr. Sie und ihre Väter haben böse Erfahrungen gemacht.

Auch von der evangelischen Kirche wird die Frage sehr ernst genommen, das beweisen die Ausführungen der Redner bei der Evangelischen Männertagung vor einiger Zeit in Frankfurt. Die Meinungen der einzelnen evangelischen Kreise gehen aber in dieser wichtigen Frage weit auseinander. Die katholische Kirche auf der anderen Seite ist sich mit wenigen Ausnahmen darüber ganz klar: Man darf und soll zur Waffe greifen.

Was soll der junge, denkende Mensch angesichts dieser Spaltungen unter den sogenannten Führern der Kirche tun? Wenn die Führer keine Klarheit haben, darf der Laie dann auf Klarheit hoffen? Wie soll er im Glauben handeln, wenn die drohenden Gefahren von heute schon morgen Wirklichkeit werden? Denn die Auseinandersetzung von Ost und West scheint unterwegs zu sein, und man fürchtet, daß Deutsche vielleicht gezwungen werden, auf Deutsche zu schießen. Deshalb muß sich jeder, solange er noch Zeit zum ruhigen Überlegen hat, Klarheit zu verschaffen suchen. Wer das jetzt nicht tut, der wird in einem kommenden Terror erst recht keine klaren, ruhig überlegten Entschlüsse fassen können.

Die Problematik der Frage geht eigentlich noch viel tiefer, als die meisten Menschen zu ahnen scheinen. Wenn man die Waffe lediglich darum ablehnt, weil man auf Menschen gleicher Sprache oder gleichen Volksstamms schießen müßte, macht man sich eigentlich kaum ein Gewissen daraus, Waffendienst an sich zu leisten. Man meint, daß gleiche Sprache und gleiche Stammeszugehörigkeit vor gegenseitiger Gerichtsvollstreckung schützen und heiligen. Man schießt nicht auf Menschen „gleicher Familie", wohl aber auf „andere" Menschen. Ist das richtig?

Der Christ weiß, daß Gott „aus *einem* Blut das ganze Menschengeschlecht gemacht" hat (Apostelgeschichte 17,26). Wenn nun der Christ die Meinung vertritt, daß man auf die eigene Familie nicht schießen darf, dann darf er auf *keinen Menschen irgendeiner Nation* schießen, weil sie alle einer Familie angehören. Auf die Autorität des Wortes Gottes hin bilden alle Nationen eine Blutsverwandtschaft.

Und nicht nur das! Wenn man Menschen lediglich darum schont, weil sie der gleichen Familie angehören, handelt man *wiederum* außerhalb des Wortes Gottes. Man darf doch kein Auge zudrücken, wo Sünde vorhanden ist, nur darum, weil der Sünder ein Familienmitglied ist! Das war die Sünde Elis. Er richtete wohl das Volk, also andere Menschen, unterließ aber das Richten und Korrigieren an seinen eigenen Söhnen. Gerade deswegen verurteilte ihn Gott (1. Samuel 2,29).

In dieser Frage wollen wir nicht von politischen Bedenken, noch von evangelisch-kirchlichen oder römisch-katholisch-kirchlichen Doktrinen sprechen, sondern nur von biblischen Forderungen für oder gegen den Waffendienst. Die Bibel zeigt uns nicht nur die Eingangspforte zum ewigen Leben (Buße und Bekehrung), sie zeigt uns auch für jeden Tag den Weg, den der Christ zu gehen hat - und das auch in unserer speziellen Frage in bezug auf den Waffendienst. Sie ist unser nie versagender Wegweiser *ins* ewige Leben, aber auch *im* täglichen Leben.

Was sagt nun die Heilige Schrift über den Waffendienst?

Die Bibel hat den christusfernen Politikern über den Waffendienst gar nichts zu sagen. Sie ist kein Buch für politische Systeme, und für christusferne Politiker hat sie nur *ein* Wort und *eine* Lehre: „Tut Buße und glaubet an das Evangelium!" (Markus 1,15). Für die Unbekehrten hat also die Bibel kein Wort über den Waffendienst, weil Waffendienst und unsere Einstellung zu ihm keine zentrale Frage ist, die uns erlöst oder verdammt. Was die Bibel über den Waffendienst zu sagen hat, *gilt den Erlösten* und nicht denen, die Christus noch nicht begegnet sind.

Es wird erwartet, daß der Mensch, der die Gnade Gottes nicht kennt oder gar ablehnt, selbst Gnade ablehnen wird. Deshalb greift der Weltmensch im allgemeinen zur Verteidigung seiner Welt und seiner Werte zur Waffe.

Ich wende mich in der Behandlung dieser Frage

deshalb einzig und allein an wiedergeborene Christen. Die Nichtchristen werden für das, was jetzt folgt, wenig Verständnis haben können.

DER WAFFENDIENST FÜR DEN GLÄUBIGEN

Im Alten Bund

Für den Gläubigen des Alten Testamentes war der Waffendienst kein Problem. Waffendienst, ja sogar Vernichtungskriege, wurden direkt von Gott angeordnet. Die Völker des Landes Kanaan sollten mit dem Schwert ausgerottet werden. Gott wartete wohl 400 Jahre, bis die Bosheit der Amoriter voll war, dann handelte er durch das Schwert des jüdischen Volkes, das das Gericht *ausdrücklich im Namen Gottes* ausübte. Der Dienst mit der Waffe geschah im Alten Bund also direkt im Auftrage Gottes.

Im Neuen Bund

Aber Waffendienst für den Gläubigen wird nicht nur im Alten Testament direkt von Gott angeordnet. Im Neuen Testament lesen wir vom kommenden Tag Christi, an dem er die Völker mit dem Schwert seines Mundes richten wird. Christus selbst hat gesagt, daß ihm alles *Gericht* vom Vater übergeben worden ist (Johannes 5,22.27). Weil der Gott des Alten und des Neuen Bundes ein gerechter, richtender Gott ist, können also Gericht und Waffendienst *an sich* nicht notwendigerweise ungerecht sein. Gott, der gerechte

Gott, führt selbst Waffen und übt Gericht aus. Er führte sogar die Todesstrafe ein.

Wenn also Gott uns Menschen zu richten auffordert, fordert er uns auf, zur Waffe zu greifen, um seine Pläne durchzuführen. So hat er oft in der Vergangenheit seine Pläne durchgeführt, und so wird er sie auch in Zukunft durchführen. Aber bei all diesen Gerichtsverhandlungen – vergessen wir es nie – ist *Gott* der, der direkt zum Gericht auffordert, und der, der da sagt: „Mein ist die Rache" (5. Mose 32,35). Wenn *Menschen sich selbst* als Richter einsetzen, verletzen sie dieses Vorrecht Gottes und übernehmen das, was Gott allein zusteht.

David im Alten Bund hat das erkannt, als er sich zweimal weigerte, Gericht an Saul, seinem Verfolger, der Davids Mord beabsichtigte, selbständig auszuüben (1. Samuel 24,7).

Wer also biblisch denkt, kann Kriegführen, Richten, Töten *an sich* nicht verwerfen. Wir haben gesehen, daß der gerechte Gott selbst Krieg geführt hat und führen wird und daß er auch in Zukunft richten und töten wird.

Und nicht nur *Gott* wird das tun. Seine Heiligen werden es mit ihm tun, wie sie es auch in der Vergangenheit mit ihm getan haben. „Wisset ihr nicht, daß die Heiligen die Welt richten werden?" (1. Korinther 6,2), fragt der Apostel Paulus. In der Vergangenheit haben Gott und seine Kinder gerichtet, und nach dem prophetischen Wort werden beide auch in Zukunft richten.

Die einzige Frage, die wir jetzt zu beantworten haben, ist die: Was erwartet Gott in bezug auf das

Richten *jetzt* von uns – in der Gegenwart? Nach welcher Methode geht Gott *heute* in diesem Zeitalter mit uns Menschen um? Das müssen wir wissen, wenn wir jetzt, in diesem Zeitalter, seine *Mitarbeiter* sein wollen – „denn wir sind Gottes Mitarbeiter" (1. Korinther 3,9) – und uns ihm in seinen jetzigen Methoden und heutigen Arbeitsweisen anpassen wollen.

Wir können diese wichtige Frage besser beantworten, wenn wir folgende zusätzliche Frage stellen: Wie hat das *heutige Zeitalter der Gnade Gottes* angefangen?

Gott hat mit dem jetzigen Zeitalter eine ganz neue Methode begonnen, mit den Menschen umzugehen: In Jesus Christus zeigte er sich bereit, statt seine Feinde (das heißt uns) umzubringen, sich selbst von ihnen (das heißt von uns) *umbringen zu lassen.*

Das hatten Johannes und Jakobus nicht begriffen, als sie die Bewohner des samaritanischen Dorfes – so wie es Elia im Alten Bund getan hatte - mit Feuer vom Himmel umbringen wollten, weil sie Jesus nicht aufnahmen (Lukas 9,54-56). Im Sinne des Alten Bundes (des Gerichtes) wäre es völlig in Ordnung gewesen, so wie Elia zu handeln. Aber Jesus sagte ihnen, sie wüßten nicht, *wes Geistes Kinder sie seien.* Dieser Geist der Gnade und der Geduld Christi war dem Geist des Alten Bundes (des Gesetzes) gegenüber neu.

Diese neue Methode der Geduld Gottes, mit uns Menschen umzugehen, ist in Jesus Christus verkörpert. *Gott handelt jetzt, in diesem Zeitalter, anders, als er in der Vergangenheit gehandelt hat und in der Zukunft handeln wird.* Er stirbt in diesem Zeitalter lieber für seine offenen Feinde, als daß er *sie* für ihre Sünden sterben läßt. Er vertritt den Standpunkt, daß uns nichts mehr helfen kann, wenn Gottes *sterbende Liebe* uns Menschen nicht zu helfen vermag.

Wir stehen also jetzt im Zeitalter *des letzten Versuches Gottes,* den Menschen zu helfen. Und weil es der letzte Versuch Gottes ist, stellt das *jetzige Zeitalter einen Ausnahmezustand,* nämlich den Tag der Geduld und der vergebenden Gnade Gottes, ja des Sterbens Gottes für uns Menschen, dar.

Allerdings – wenn die Methode der Liebe bis zum Tod, der Geduld und der Gnade des lebendigen Gottes von den Menschen abgelehnt wird und ihnen nicht hilft, dann wird Gott sie in der Zukunft richten müssen. Dies bleibt einem gerechten Gott der einzige Ausweg. Ein Mensch, dem aufrichtige Liebe nicht hilft, ist hoffnungslos verkommen, und ein solcher muß gerichtet werden. Durch seine Ablehnung der Gnade richtet er sich selbst.

Gottes Geduld – ein Problem

Diese Sachlage, daß Gott heute nicht mit dem Gesetz, sondern mit der Gnade und der Geduld mit uns Menschen umgeht, ist die Ursache vieler Probleme in der denkenden Welt. Denn die heutige Welt steckt voller Ungerechtigkeiten, die Gott nicht sofort, auf der Stelle, bestraft, und vieler Mißstände, um die sich Gott nicht zu kümmern scheint. Es gibt Mord, Gewalttat und Terrorismus, was Gott scheinbar unbestraft stehen läßt. Auch die Nöte, die durch Krankheit, Erpressung, Bosheit und bösen Willen entstehen, werden heute nicht sofort von Gott gerichtet und aus dem Weg geschafft. Gott scheint tatenlos zuzusehen, wie seine Welt kaputtgemacht wird, und scheint nichts zu unternehmen – mit der Folge, daß viele, selbst unter den Theologen, behaupten, Gott sei tot.

Andere glauben, daß es keinen Gott gibt und nie gegeben hat, gerade weil er nicht handelt, um Ungerechtigkeit zu bestrafen.

Die Bibel erklärt diese Lage, indem sie lehrt, daß alles unter der Geduld und der Langmut Gottes steht, der auf die Zeit wartet, in der er durch seinen Sohn die Welt *richten* wird in Gerechtigkeit.

Die Tatsache, daß der Sohn für diese Welt aus Liebe zu ihr starb, bürgt für seine absolute Gerechtigkeit und Geduld im Gericht.

Wir leben also so sehr in dem Zeitalter der Geduld Gottes, daß man meint, Gott existiere nicht! In Wirklichkeit *waltet* er mit Geduld und mit Langmut.

Auch uns fordert er auf, ähnlich zu handeln wie er, indem wir, wenn wir seine Kinder und seine Jünger sein wollen, in diesem Zeitalter, vor dem Tag, an dem er wiederkommt, um die Lebendigen und die Toten zu richten, auch nicht richten. „Richtet nichts vor der Zeit, bis der Herr kommt ..." (1. Korinther 4,5).

Der bewußte Christ befindet sich also in einer Sonderlage, verglichen mit anderen Menschen. Er wird *in diesem Zeitalter* aufgefordert, die Handlungsweise seines Gottes in dieser armen, gegenwärtigen Welt in seinem eigenen Leben so vorzuleben, wie es Christus tat. Wenn Gott *am Ende dieses Zeit-*

alters richtet, wird der Christ Gott *beim Jüngsten Gericht* helfen. Wenn aber Gott in der Jetztzeit nicht richtet und Langmut und Geduld walten läßt, wird der Christ in diesem Zeitalter ebenso nicht richten. Er wird in diesem Leben, bis der Herr wiederkommt, so wandeln, wie Christus in seinem Leben und Zeitalter wandelte.

Der Nichtchrist, der diese geheime, vorübergehende Handlungsweise Gottes nicht kennt (weil er das Kreuz in diesem Zeitalter nicht erlebt hat), kann fromm und auch gottesfürchtig sein, doch kann er noch nicht so leben, weil er die Offenbarung Gottes in seiner Handlungsweise am Kreuz und seine dadurch geoffenbarte Methodik nicht versteht.

Gott richtet ihn, den Unwissenden, auch nicht für das, was er noch nicht versteht, solange seine Unwissenheit nicht das Ergebnis von Verstockung ist. Er fordert ihn aber entschieden auf, dem Evangelium zu gehorchen, wenn er es einmal erfährt – nämlich, daß Gott seine Geduld während dieses Zeitalters am Kreuz deutlich erwiesen hat.

Diese Handlungsweise Gottes ist aber dem Nichtchristen oft eine glatte Torheit – die Torheit des Kreuzes.

Das ist der Stand der Dinge heute.

DIE GESINNUNG GOTTES

Briefe Gottes, die seine Gesinnung an den Tag legen

Aber was hat das mit dem Waffendienst zu tun?

Nur das, daß Gott durch seine Kinder zu der Welt sprechen und sich der Welt *durch sie und durch das Kreuz in ihnen* offenbaren will. Wir sollen offene Briefe über Gottes Kreuz sein, aus denen die Welt durch unsere Art und Weise, hier auf Erden zu leben, den *gegenwärtigen Sinn und die gegenwärtige Methodik der Geduld Gottes ablesen kann*. Gott will, daß jetzt, in diesem Zeitalter, die Menschen durch die Liebe, die Geduld und die Freundlichkeit seiner Kinder *seine* Liebe, *seine* Geduld und *seine* Freundlichkeit sehen. Wir sollen Gott *am Kreuz* widerspiegeln.

Deshalb sagt Jesus: „Ihr habt gehört, daß gesagt ist: 'Du sollst deinen Nächsten lieben und deinen Feind hassen!' Ich aber sage euch: Liebet eure Feinde, segnet, die euch fluchen, tut wohl denen, die euch hassen, und bittet für die, so euch beleidigen und verfolgen; *auf daß ihr Kinder eures Vaters im Himmel seid*. Denn er läßt seine Sonne aufgehen über Böse und Gute und läßt regnen über Gerechte und Ungerechte" (Matthäus 5,43-45).

Ein guter Sohn handelt im Sinn seines Vaters, und

am Handeln des Sohnes – im idealen Fall – soll man die Gedanken und Wünsche des Vaters erkennen.

Jesus sagt nun, daß Gott jetzt so gütig ist, daß er in seiner Geduld sowohl den Bösen wie auch den Guten Regen und Sonnenschein gibt. Er segnet die, die ihm fluchen, und bittet für die, die ihn beleidigen, denn er will nicht den Tod des Sünders, sondern er ist geduldig mit ihm – bis zum Gericht Gottes in der Fülle der Zeit.

Das hat Jesus nicht nur *gelehrt,* das hat er uns auch *vorgelebt.* Indem er das tat, übte er seines Vaters Willen aus. Seine Art und Weise, damals als Mensch auf Erden zu leben, ist also des Vaters jetzige Art und Weise. mit uns Menschen umzugehen; und die tut Jesus durch sein Leben den Menschen kund. („Ich suche nicht meinen Willen, sondern den Willen dessen, der mich gesandt hat." – Johannes 5,30)

Nun sagt der Herr Jesus, daß wir das gleiche tun dürfen, wie er auf Erden tat, wenn wir unseres Vaters rechte Söhne sein wollen, „auf daß ihr Kinder eures Vaters im Himmel seid".

Zusammenfassend dürfen wir also sagen, daß Gott heute in der Gnade und in der Geduld und nicht im Gericht handelt und daß uns Jesus Christus, sein Sohn, auffordert, das gleiche zu tun. Als unser Vorbild hat er es selbst zuerst getan. Er liebte seine Feinde, bat für sie und starb für sie. Wir dürfen ihn nachahmen, wenn wir als seine Jünger gelten wollen.

Einige Fragen

Es fragt aber vielleicht jemand: „Schließt das 'Liebet eure Feinde!' das Töten und den Waffendienst aus?"

Die Antwort liegt im Begriff „Liebe", den wir im biblischen Sinn verstehen müssen. „Die Liebe", sagt der Apostel Paulus, „tut dem Nächsten nichts Böses" (Römer 13,10). Sie ist also eine höchst praktische Eigenschaft und bedeutet nichts Sentimentales.

Um die Frage klarzumachen, einige praktische Beispiele:

Einem gläubigen Fliegeroffizier wird vom Armeehauptquartier der Befehl gegeben, eine Stadt durch einen Luftangriff auszuradieren. Das ist oft genug vorgekommen und wird auch in Zukunft vorkommen. Könnte nun dieser meinen, daß er seinen Nächsten dort unten, die sicher auch Frauen und Kinder einschließen, nichts Böses zufügt, daß er sie im biblischen Sinn des Wortes, nach dem Befehl Gottes an ihn, *liebt,* wenn er sie verschüttet, zu Tode ängstet, verstümmelt oder lebendig begräbt und zugrunde richtet?

Oder wenn der Fähnrich beauftragt wird, ein Dorf samt Mann, Weib und Kindern auszurotten, tut er seinen Mitmenschen nichts Böses? *Liebt* er sie?

Wenn er ein Kind Gottes ist und die Befehle Gottes kennt, *nichts* vor der Zeit zu richten, bis der Herr kommt, und seinen Nächsten in der Tat wie sich selbst zu lieben, und doch den gegen Gottes Willen gerichteten Befehl ausübt, muß er sich auch entsprechend vor Gott verantworten.

Jede Sünde gegen die erkannten Gebote Gottes

stumpft das Gewissen ab. Jedesmal wird es leichter zu sündigen.

Ich kenne den Fall eines gläubigen Unteroffiziers, der beauftragt wurde, ein ganzes Dorf radikal auszutilgen. Er mußte selbst durch die Häuser gehen und dafür sorgen, daß der Befehl auch strikt durchgeführt wurde. Alte Frauen und Greise wurden mit dem Seitengewehr oder einem Genickschuß erledigt. Als aber der Unteroffizier in ein Zimmer kam, in dem eine junge Frau gerade entbunden hatte, versagte er und konnte sein grausiges Werk nicht durchführen. Da schickte er einen Soldaten hin, um das zu tun, was er selbst nicht konnte. Er sagte mir zur Entschuldigung, daß es ihn sein eigenes Leben gekostet hätte, wenn er sich geweigert hätte, den Befehl auszuführen.

Wir wollen unseren armen Bruder, der einen solchen Befehl erhielt, nicht verdammen. Wenn wir auch sein Tun keineswegs billigen, so wollen wir doch nicht unbarmherziger sein als Jesus, der die große Sünderin nicht verdammte, während die Frommen des Landes sie ohne weiteres gesteinigt hätten. Die quälenden Gedanken sind Last genug für ihn. Eines aber wollen wir daraus entnehmen: Alle, die einen modernen Krieg mitmachen, laufen Gefahr, in ähnlich schreckliche oder noch schlimmere Situationen zu geraten. Man muß deshalb vorher gründlich und in Ruhe überlegen, ob man solche Situationen vor Gott und den Menschen verantworten und riskieren darf.

Wer wird den Befehl erhalten, die erste Wasserstoffbombe zu werfen oder die neuen Raketenbomben abzuschießen? Wer einmal an einem modernen totalen Krieg teilnimmt, ist auch *total beteiligt.* Der Soldat kann nicht kündigen, wenn es ihm nicht mehr gefällt oder wenn er zu Handlungen gezwungen wird, die gegen sein Gewissen gehen.

Zwei Joche

Es gibt zwei Joche im Leben, aus denen man schlecht herauskommt. Das erste ist das der Ehe. Sie ist nach der Bibel ein lebenslängliches und im idealen Fall ein schönes Joch. Das andere Joch ist das militärische. Wer einmal dieses Joch auf sich genommen hat, kann sich im Krieg schlecht wieder davon befreien. Deshalb muß dieser Schritt vorher überlegt werden. *Ein Joch ist ein Werkzeug, das zur Mitarbeit zwingt,* sei es in der Ehe oder im totalen Krieg. Deshalb sagt uns das Wort Gottes: „Ziehet nicht *am gleichen Joch* mit Ungläubigen!" (2. Korinther 6,14).

Wenn ein gläubiger Mann ein ungläubiges Mädchen heiratet, werden die beiden in einer Arbeitsgemeinschaft zusammengejocht. Aber das Joch ist ungleich. Das ungläubige Mädchen kann den Weg des Glaubens nicht gehen, und der Mann kann ihren Weg des Unglaubens auch nicht gehen, ohne seinen eigenen Glauben aufzugeben. Deshalb entstehen in einer solchen Ehe immer Spannungen.*

Dasselbe gilt für das Joch des Militärdienstes. Der gläubige Soldat wird oft von ungläubigen Vorgesetz-

---

* Vgl. „Kunst und Wissenschaft der Ehe", B. und A.E. Wilder Smith, Hässler-Verlag, Prodromos Serie Nr. 6

ten aufgefordert, etwas zu tun, was der gläubige Mensch einfach nicht tun kann. Aber er muß es trotzdem tun oder die Konsequenzen der Dienstverweigerung tragen.

Auf diese Art und Weise kann das Gewissen vergewaltigt und deshalb auch abgestumpft werden, bis man letzten Endes alles tut – und an nichts mehr glaubt. So kann das Gewissen getötet werden.

Das sind die Folgen eines ungleichen Joches, das aus der Arbeitsgemeinschaft mit Ungläubigen entsteht.

Kündigung

Gerade hier liegt ein schwerwiegender Punkt, der mit Gewissenskonflikten zusammenhängt. Denn in dem schönen Verhältnis eines Ehebundes oder eines Ehejoches liegt der Gedanke von Permanenz – bei der Eheschließung verspricht man, sich gegenseitig praktisch und innerlich liebzuhaben, bis der Erzfeind, der Tod, die beiden liebenden Partner trennt. An eine Ehescheidung denkt man zur Zeit der Eheschließung nicht!

Der Herr Jesus Christus, der bei der Schöpfung von Adam und Eva den Ehebund erfand, lehrte, daß das, was Gott zusammengefügt (eigentlich „zusammengejocht") hat, der Mensch nicht scheiden darf (Matthäus 19,6; Markus 10,9). Das „Ehejoch" ist also seiner Natur nach ein permanentes Arbeitsjoch, das sich nicht so leicht lösen läßt, wenn es einmal geschlossen worden ist. Es ist bestimmt nicht jederzeit kündbar.

Mit dem militärischen Joch verhält es sich ähnlich, auch wenn es nicht bis zum Tod bindend ist. Es zwingt aber ebenso zur Zusammenarbeit. Man kann den Dienst nicht einfach mitten in einer Schlacht aufkündigen, weil einem das Schlachten und das Verstümmeln von Mitmenschen nicht mehr gefällt. Man darf nicht kündigen, einfach weil einem ein Befehl, eine Stadt von der Luft aus zu vernichten, nicht gefällt – besonders nicht, wenn die Bomben schon an Bord sind, das Flugzeug über dem Ziel kreist und von der Bodenabwehr beschossen wird. Unter solcher Voraussetzung könnte man keine Armee, keine Kriegsmarine und keine Luftwaffe einsetzen. Militärische oder polizeiliche Organisationen, die auf einem jederzeit lösbaren Angestelltenverhältnis aufgebaut wären, würden heute, im Zeitalter des totalitären Krieges, kein Land verteidigen können.

In der Ehe währt die Gemeinschaft des Joches bis zum Tod – auch wenn es neben dem Schönen Zank und Spannungen gibt. Beim Militär und bei der Polizei läuft das Joch bis zum Ablauf der festgelegten Dienstzeit.

Ein Joch dieser Art nimmt einem Menschen die freie, eigene, unabhängige Wahl, wenn er erst einmal auf den Vertrag eingegangen ist. Deshalb muß man jede Art von Joch in allen Konsequenzen sehr wohl bedenken, ehe man darauf eingeht. Wenn man irgendwelche Zweifel hat, ob man die Bedingungen des Joches auch in allen sich ergebenden Umständen einhalten kann, dann ist es bestimmt besser zu verzichten – wenn man dabei auf die Freiheit verzichten muß! Wenn man sich unter das „Militärjoch" begibt, muß man prinzipiell bereit sein, alle Befehle sämtlicher höherer Offiziere oder Staatsoberhäupter ohne Widerrede und auch gewissenhaft auszuführen.

Alle Kriegs- und anderen Befehle müssen mit dem eigenen Gewissen vereinbar sein, sonst kann das eigene Gewissen im Dienst abgestumpft werden. Denn wenn man einmal „dabei" ist, muß man gewissenhaft das ausführen, was einem befohlen wird.

Diese Situation birgt natürlich große prinzipielle Risiken in sich, besonders wenn man das eigene Gewissen im Sinne des Neuen Testamentes respektieren will. Denn auf diese Weise kann man leicht das eigene Gewissen einem anderen Menschen und seinen Befehlen opfern. Man stellt den eigenen Willen und das eigene Gewissen zugunsten anderer in den Hintergrund.

In der Behandlung gerade der Fragen der Einbuße der eigenen Handlungsfreiheit lehrt die Bibel: „Werdet nicht der Menschen Knechte!" (1. Korinther 7,23). Der Satz hört sich direkt wie ein Befehl an!

Nun, gewisse Sklavereien – Steuern zum Beispiel – kann man nicht umgehen. Trotzdem lehrt uns die Bibel, Sklaverei, wenn irgend möglich, zu vermeiden, damit wir die persönliche Handlungsfreiheit wahren können. Wenn der Staat durch finanzielle Verschwendung zu hohe Steuern verlangt und dadurch seine Bürger praktisch enteignet - und auf diese Weise versklavt –, muß der Bürger versuchen, dieser Sklaverei zu entgehen: Er muß den Staat mit gesetzlichen Mitteln zur Sparsamkeit anhalten und zu vernünftigeren Steuergesetzen zu bewegen versuchen. Denn wenn der Staat – die Obrigkeit – keine höhere Obrigkeit – Gott – anerkennt, kann er leicht herrschsüchtig werden und selbstherrlich und verschwenderisch mit dem Hab und Gut seiner Bürger umgehen.

Persönliches Verhältnis zur Obrigkeit

Persönlich unterhalte ich gute Beziehungen zum Militär und zur Polizei. Sie sind zu meinem Schutz (die Bösen zu bestrafen und die Guten zu fördern) da, wofür ich dankbar bin. Solange sie die Guten wirklich fördern und die Bösen wirklich gerecht und angemessen bestrafen, erfüllen sie ihre gottbestimmte Aufgabe. Sie sind beide für die Aufrechterhaltung der öffentlichen Ordnung auf nationaler und internationaler Ebene eingesetzt. Gott selbst hat nach dem Sündenfall ihre Ämter spezifisch erschaffen und sie dafür mit dem Schwert ausgerüstet, um die schlimmeren Folgen der sündhaften Natur des Menschen einzudämmen. Ohne sie wäre beim heutigen Stand der menschlichen Mentalität jegliche Zivilisation und Kultur unmöglich.

Mein persönliches Verhältnis zum Militär habe ich immer auf ein Zivilverhältnis beschränkt. Die Bindung blieb also jederzeit kündbar, und ein Treueid wurde nie von mir verlangt. Weil ich in diesem Zeitalter ein Vertreter der Geduld und der Gnade Christi sein möchte, habe ich immer das Tragen einer Waffe oder eines Waffenrockes abgelehnt – was aber absolut nicht bedeutet, daß ich alle, die die Freiheit haben, beides zu tun, irgendwie ablehne. Ich habe viele Freunde, die beim Militär sind. Einige unter ihnen sind Generäle und bewußte Christen. Wir respektieren uns gegenseitig und schätzen unsere verschiedenartigen Erkenntnisse.

Während meiner Laufbahn als Pharmakologe und Naturwissenschaftler habe ich dem Militär – und der Polizei – verschiedener Nationen als Berater für humanitäre Zwecke gedient, so zum Beispiel als Drogenberater bei den NATO-Streitkräften im Nahen Osten und in Europa. Der englischen Armee habe ich 1946 - 1949 in Fragen der Versöhnung zwischen der englischen und der deutschen Nation gedient. Um der Organisation der Streitkräfte willen mußte ich einen Rang haben, sonst hätte man mich honorarmäßig und dienstlich nicht einstufen können. Bei den englischen Streitkräften habe ich für den Versöhnungsdienst den Rang eines Oberstleutnants innegehabt. Für den Drogenmißbrauch war ich im Generalsrang (GS 17), damit ich unter anderem die Helikopter und Militärhotels für den Dienst benutzen durfte.

Persönlich bin ich der Überzeugung, daß ein Christ solche Dienste tun darf, ohne seine Berufung als Kind der Gnade Gottes zu beeinträchtigen.

Einige meiner Leser werden sicher einwenden, daß doch auch ein solcher Dienst die Militärmaschine stärkt, was sicher der Fall ist.

Aber setzen wir einmal den Fall, ich wäre Landwirt und produzierte Weizen oder Gerste, um Menschen und Vieh mit Essen zu versorgen. Wie leicht könnte man meine Gerste mißbrauchen, um Aceton und Munition herzustellen. Soldaten könnten sie dann für rein militärische Zwecke verwenden. So könnte man beliebig viele Situationen konstruieren, die einen Landwirt – oder sogar eine Strickerin von Pullovern – indirekt zu einem „Militaristen" machen würden.

In solchen Fällen gibt es nur ein einziges, sicheres Leitprinzip: Ich bin ausschließlich für das verantwortlich, was ich direkt tue. Wenn jemand meinen Weizen – oder meine Pullover – für gute Zwecke benutzt, ist das seine Verantwortung und sein Verdienst. Wenn jemand sie aber mißbraucht, dann ist das die Verantwortung derer, die sie direkt mißbrauchen. Wenn jemand meine Drogenmißbrauch-Vorlesungen oder meinen Weizen mißbraucht, ist das allein seine Verantwortung.

Die Vorlesungen sind eigentlich dazu da, um Menschen von Süchten zu befreien, was eine definitiv gute Sache ist. Weizen ist für Brot da. Mißbrauch des Weizens ist Verantwortung dessen, der ihn mißbraucht.

Der heutige Terror hat uns sehr deutlich gezeigt, wozu der Mensch fähig ist, wenn die Obrigkeit nicht mehr in der Lage ist, menschliche Bosheit selbst mit dem Schwert einzudämmen. Aber die Obrigkeit darf ihre Macht nicht in Willkür ausarten lassen. Deshalb muß auch die Obrigkeit höhere Macht über sich wirklich walten lassen, damit die Staatsmacht nicht auch sie korrumpiert. Wenn die Obrigkeit gottlos ist oder wird, kann sie als gerechte Obrigkeit nicht sehr lange bestehen. Die atheistischen Beispiele der Obrigkeit in Ost und West beweisen diesen Punkt sehr deutlich.

Der Fall Kornelius (Apostelgeschichte 10) gibt uns

Aufschluß, wie die Obrigkeit vor atheistischem Zerfall bewahrt bleiben kann, denn Kornelius war ein gottesfürchtiger Soldat, ein Besatzungsoffizier, der regelmäßig zu Gott betete und das von den Römern unterjochte Volk aufrichtig liebte. Seine Gebete zu Gott wurden auch erhört. Die Bibel berichtet, daß Kornelius bei allen sehr beliebt war.

Aus diesem Grund soll der gläubige Christ nie so tun, als ob der Soldatenberuf vor Gott untragbar sei. Gott selbst hat diesen Beruf als Ordnungsamt eingesetzt und Offiziere, die ihr Amt gewissenhaft und in Liebe ausüben, gesegnet – wie er Kornelius segnete.

Gott selbst gab den Menschen das Schwert in die Hand, um das Menschenleben und die menschliche Kultur und Zivilisation trotz der Folgen des Sündenfalls und der Inhumanität des Menschen möglich zu machen. Diese durch das Schwert bedingte Ordnung soll den Terrorismus im Zaum halten. Solange nun die Obrigkeit die Übeltäter bestraft und die, die das Rechte tun, in der Furcht Gottes (1. Petrus 2,14) lobt, erfüllt sie den Willen Gottes.

Wenn die Obrigkeit andererseits die Bösen fördert und die Guten, die Frommen, verfolgt, hat sie ihre Lebensberechtigung von Gott und von Menschen her schon eingebüßt. Damit ist eigentlich die Anerkennungspflicht einer solchen Obrigkeit seitens der Gottesfürchtigen auch hinfällig.

Gerade an diesem Punkt der Anerkennung einer atheistischen Obrigkeit hat Solschenizyn über die Sowjetmacht gesiegt, obwohl er, menschlich gesehen, total wehrlos war. Als er nämlich in Moskau vor Gericht stand, fragte ihn der Richter, ob er das

Recht der Sowjets anerkenne, ihn vor Gericht zu ziehen. Daraufhin antwortete Solschenizyn, ohne zu zögern, daß er keine Obrigkeit als von Gott anerkenne, die die Bösen lobt und die Guten verfolgt und hinmordet. Die Gewalt sei der Obrigkeit von Gott zum Gebrauch übergeben, aber nicht zum Mißbrauch.

Daraufhin hat ihn die Sowjetmacht nach Frankfurt am Main abgeschoben. Auf diese weise, biblische Antwort fand die Sowjetmacht keine wirkliche Antwort.

Römer 13.1.3 lehrt eigentlich genau das gleiche, obwohl Luthers Übersetzung die Bedeutung der Verse verschleiert: „Jedermann sei den vorgesetzten Obrigkeiten untertan: denn es gibt keine Obrigkeit außer von Gott, die bestehenden sind von Gott eingesetzt...denn die Regierenden sind ein Gegenstand der Furcht nicht für den, der Gutes tut, sondern für den Bösen.“

Offenbar bedeuten die Verse, daß die Obrigkeit da sein sollte, als Gott das Amt einsetzte, um die Guten zu schützen und die Bösen zu bestrafen. Das *Amt* setzte Gott mit dieser Zweckbestimmung ein. Er setzte nicht den Mißbrauch des Amtes ein.

Es liegt offenbar ein Mißbrauch des Regierungsamtes vor, wenn die Sowjetmacht Gottesdienste, Gebetsgemeinschaften und Evangelisationen in Bausch und Bogen verbietet. Es stellt auch einen Mißbrauch der Streitkräfte dar, wenn kubanische Soldaten ein praktisch wehrloses Land wie Angola einnehmen. Diese Handlungsweise hat nichts mit Schutz vor Bosheit zu tun, sondern mit Machtgier und Habgier.

Wenn christliche Soldaten an diesen und ähnlichen Angriffsfeldzügen teilnehmen und sie deshalb ermöglichen, tragen sie auch die Schuld mit – auch die Soldaten und Offiziere anderer Länder, wenn sie das gleiche tun.

Unter atheistischer Herrschaft fürchten sich die Gläubigen, gute Werke zu tun, und die Bösen freuen sich, daß sie diese guten Werke verhindern dürfen – und zwar unter dem Schutz des Staates. In solchen Fällen sind die Christen gezwungen, Gott mehr zu fürchten als die Menschen, indem sie der Obrigkeit einfach nicht gehorchen. Dafür leiden und sterben sie. So erkennen sie die böse Macht effektiv nicht an.

Gott hat also das *Amt* des Regierens eingesetzt, und dieses Amt muß man *als Amt* respektieren.

Der Mißbrauch dieses Amtes ist natürlich möglich, kommt heute noch oft vor und wird mit Ungehorsam seitens der Christen beantwortet, wenn das mißbrauchte Amt Ungehorsam gegen Gottes Gebote – Verbot von Evangelisationen, Gebetsgemeinschaften, Jugendarbeit oder Bibelarbeit – verlangt.

GOTT ALS RICHTER

Moderne und alte Kriege

Die modernen Kriege unterscheiden sich völlig von den Kriegen im Alten Bund und auch von den kommenden Gerichten Gottes. Im Alten Testament war der gerechte Gott der Oberbefehlshaber, und im Jüngsten Gericht wird er wiederum der Oberbefehlshaber sein. So kam in der Vergangenheit der gläubige jüdische Soldat in kein ungleiches Joch, auch in keine Gewissensnöte, solange er seinem Oberbefehlshaber ganz treu war. Und in der Zukunft, wenn Gott richtet, werden seine Kinder, die mitrichten, auch nicht in Gewissenskonflikte kommen – ihr Gott befiehlt ihnen direkt, und sie gehorchen seinen gerechten Befehlen in persönlichem Gehorsam.

Wenn uns der gerechte Gott, der uns *bis in den Tod geliebt* hat, auffordert, etwas zu tun, kann es keine Sünde sein. Denn seine Taten werden auch im Gericht mit Liebe zu vereinbaren sein. In der Zukunft wird er der gerechte Richter sein, weil es Zeit ist zu richten. Dagegen ist es in der Gegenwart nach Gottes Ermessen noch nicht Zeit zu richten, und deshalb ist es jetzt Sünde, wenn das Kind Gottes es tut: „Darum richtet nichts vor der Zeit, bis der Herr kommt ... " (1. Korinther 4,5). Wenn der Herr kommt, um selbst das Gericht durchzuführen, dann ist es Zeit für uns, mit ihm zu richten. Jetzt ist es noch „vor der Zeit".

Bis der Herr „auch das im Finstern Verborgene ans Licht bringen und den Rat der Herzen offenbaren wird" (1. Korinther 4,5), sind wir nicht imstande, gerecht zu richten, weil wir die verborgenen Beweggründe der Menschen nicht sehen. Erst wenn der Herr bei seinem Kommen alles aufdeckt, werden wir imstande sein, so zu richten, wie er es will – und wie es gerecht ist.

Gericht in der Gemeinde

Auf der anderen Seite fordert der Apostel Paulus *innerhalb der Gemeinde unter den Gläubigen stark zum Gericht auf.* Der Bruder, der zum Beispiel mit seines Vaters Weib ein sündhaftes Verhältnis hatte (1. Korinther 5,1), wird aufs schärfste verurteilt – er soll dem Teufel überantwortet und aus der Gemeinde ausgeschlossen werden „zum Verderben des Fleisches, damit der Geist gerettet werde am Tage des Herrn Jesus" (1. Korinther 5,5). Aber das war eine rein innergemeindliche Frage der Zucht und Ordnung *unter denen, die wußten, daß der Herr gnädig ist, und die doch sündhaft mit seiner Gnade und Geduld spielten.* Solche richtet Gott *jetzt schon* scharf, wie aus dem Fall „Ananias und Saphira" (Apostelgeschichte 5) auch klar hervorgeht.

In diesem Zusammenhang schreibt der Apostel Paulus: „Denn was soll ich die richten, die außerhalb (der Gemeinde) sind?...Die aber draußen sind, wird Gott richten" (1. Korinther 5,12-13). Es ist also in diesem Zeitalter der Gnade Gottes nicht die Aufgabe des Christen, die Welt zu richten. Erst wenn Christus wiederkommt, werden die Heiligen mit Christus die Welt richten, jetzt aber nicht.

Andererseits werden die Menschen, die *innerhalb* der Gemeinde Gottes sind und deshalb die Gnade Gottes am Kreuz gut kennen, jetzt, in diesem Zeitalter der Gnade, von Christen in der Gemeinde gerichtet, wenn sie in der Sünde verharren: „Ihr richtet nicht einmal die, die drinnen sind?" (1. Korinther 5,12). Solche Menschen, die die Gnade Gottes in Christo kennen und weiterhin mutwillig sündigen, brauchen Gericht, und zwar jetzt, denn Liebe, Geduld und Gnade, die letzten Mittel Gottes, um Menschen zurechtzuhelfen, haben ihnen nicht geholfen. So wendet der Christ bei ihnen die gleichen Mittel an, die Christus im Jüngsten Gericht in seiner Gerechtigkeit anwenden wird.

Aber die Welt draußen ist für dieses Gericht noch nicht reif, bis es sich einwandfrei erwiesen hat, daß Gnade, Liebe und Geduld nichts helfen.

Aber auch im Gericht Gottes in der Gemeinde waltet Gnade, wie uns der Korintherbrief zeigt.

Wie schon gesagt: Wenn uns die Erkenntnis der Liebe und Gnade Gottes nicht hilft, dann bleibt uns, die wir gläubig sind, nur Gericht übrig – jetzt schon, in diesem Zeitalter: „Denn wenn wir [die Gläubigen] freiwillig sündigen, nachdem wir die Erkenntnis der Wahrheit empfangen haben, so bleibt für Sünden kein Opfer mehr übrig, sondern ein schreckliches Erwarten des Gerichts und Feuereifers, der die Widerspenstigen verzehren wird" (Hebräer 10,26-27).

Ein Vater geht mit seinen eigenen Kindern schärfer um (wenn auch mit strenger Liebe) als mit den Nachbarkindern. So geht Gott wie ein Vater mit seinen Kindern um.

Drei Bedenken

„Ja", sagt ein junger Mann, „das ist alles sehr schön und gut. Aber heute müssen wir praktisch denken. Wenn die Kommunisten kommen, müssen wir unser Land und unsere Frauen und Kinder vor einem so schrecklichen Schicksal verteidigen. Wenn uns Deutschen ein derart offenes Unrecht zugefügt wird, muß man da als Christ nicht doch zur Waffe greifen? Es ist uns klar, daß der Christ keinen Angriffskrieg mitmachen darf. Aber im Neuen Testament ist es doch nicht verboten, Soldat zu sein. Kornelius war doch ein gottesfürchtiger Soldat, von dem ausdrücklich berichtet wird, daß er Gott wohlgefällig war."

Das Beispiel des gottesfürchtigen Kornelius ist für manche in bezug auf das Soldatsein entscheidend gewesen. Es gibt heute selbstverständlich viele fromme, gottesfürchtige Soldaten. Trotzdem dürfen wir unseren Blick nicht auf Menschen lenken, um unsere Wegweisung zu erhalten – auch nicht, wenn es sich um fromme Menschen wie Kornelius handelt –, sondern auf *Gottes Wort allein*. Auch fromme Menschen können sich täuschen.

Paulus war ein gottesfürchtiger, frommer Mann, aber wir dürfen seinem Beispiel nicht folgen, das er gab, als er sich mit Barnabas zankte und sich von ihm trennte (Apostelgeschichte 15,37-40). Wenn ein Mann in der Bibel als gottesfürchtig bezeichnet wird, bedeutet das noch nicht, daß er in allen seinen Wegen den Plan Gottes erfüllte. David war ein Mann „nach Gottes Herzen", beging aber Mord und Ehebruch. Die schwachen Seiten der Frommen werden in der Bibel genauso genau beschrieben wie die starken Seiten, damit ein sachgetreues Bild entsteht. Wir müssen aber die vollen Aussprüche Gottes in Betracht ziehen, um auf diesem Gebiet sicher zu gehen.

Was sagt die Heilige Schrift über Fälle, bei denen der gläubige Christ Unrecht leidet oder Gefahr läuft, Unrecht zu leiden? Denn das ist bei diesen Bedenken die eigentliche Frage: Wie schütze ich mich, meine Familie, mein Vaterland vor Unrecht?

Die Antwort wird ganz klar in 1. Korinther 6,7 gegeben. Selbst in rechtlichen Angelegenheiten, wo keine Gewaltmaßnahmen in Frage kommen, sagt der Apostel ausdrücklich, daß es besser ist, sich *nicht* zu verteidigen, sondern freiwillig das Unrecht über sich ergehen zu lassen. Also daß es besser ist, wenn der gläubige Christ auf seine Rechte verzichtet und es so macht, wie es Jesus Christus getan hat: „Er schalt nicht, da er gescholten ward, er drohte nicht, da er litt, sondern *übergab es dem, der gerecht richtet*" (1. Petrus 2,23).

Das war Jesu Christi Einstellung, als ihm bitteres Unrecht geschah, ja als man ihm das Leben nahm. Er legte alles Gericht und Vergelten in Gottes Hände, der recht richtet, *selbst bei seiner Hinrichtung am Kreuz,* obwohl er selbst nach menschlichem Ermessen allen Grund zum Richten gehabt hätte.

Sind wir auch in dieser Hinsicht Jesu Jünger? Bei der Kreuzigung hätte er zwölf Legionen Engel als „Soldaten" haben können, um sich zu befreien, doch er verzichtete.

„Ja", meldet sich da eine zweite Stimme, „wie aber soll mein Vaterland bestehen, wenn ich es nicht verteidigen darf?"

Dazu sei folgendes gesagt: Wenn man als Christ den Auftrag hat, das irdische Vaterland mit Waffen zu verteidigen – trotz der klaren Anweisungen des Herrn Jesus Christus, die wir schon besprochen haben –, dann muß man es sehr gut begründen können. Man muß dabei ganz besonders klar bedenken, daß wir jetzt in der Endzeit leben und daß alle Nationen, auch meine Nation, unter die Herrschaft des Antichristen kommen und aktiv den kommenden Herrn Jesus *bekämpfen* werden: „Und ich sah das Tier und die *Könige der Erde* und *ihre Heere* versammelt, um *Krieg zu führen mit dem,* der auf *dem Pferde sitzt, und mit seinem Heer"* (Offenbarung 19,19). Die Soldaten des kommenden Weltreiches und seiner verbündeten Könige werden aktiv und mit Gewalt dem kommenden Christus und seinem himmlischen Heer den Kampf ansagen, und Christus wird sie vernichten.

Es hilft nicht, wenn man behauptet, daß die Gläubigen, bis es so weit ist, alle entrückt sein werden. *Der antichristliche Geist ist jetzt schon da und zwingt die Gläubigen jetzt schon, bei all seinen Greueltaten mitzumachen.* Hat sein letzter Krieg das noch nicht klar genug gezeigt?

Auch mein Vaterland als menschliches System

liegt im argen und ist oft eindeutig christusfeindlich. Ich will mit ihm nicht zusammengejocht werden, das zu tun, was antichristlich ist oder sein könnte.

Diese antichristliche Gesinnung wird sich mehr und mehr entwickeln, je tiefer wir in die Endzeit hineinkommen, bis es einen Tag geben wird, an dem „mein Vaterland verteidigen" das gleiche bedeutet wie „Christus aktiv bekämpfen".

Natürlich müssen wir nach dem Befehl der Heiligen Schrift der Obrigkeit gehorchen und ihr auch Gutes tun, bis sie uns auffordert, Sünde zu tun. Dann erst dürfen wir uns weigern. Sünde ist die Nichtbeachtung der Gesinnung Christi, wie sie uns in der Bibel gezeigt wird.

„Aber", sagt ein anderer junger Freund, „wenn wir wirklich so handeln, dann kann ja die öffentliche Ordnung nicht mehr aufrechterhalten werden. Man darf nicht mehr richten, nicht töten, man muß die Feinde lieben. Jede öffentliche Ordnung wäre unmöglich."

Dies ist ganz und gar richtig. Unter diesen Bedingungen könnte heute kein Staat bestehen. Gerade deshalb hat Gott selbst, um der Ordnung willen und um Anarchie zu verhüten, zweierlei in seiner Gnade getan:

Erstens: Er hat eine Obrigkeit geschaffen – „Denn es gibt keine Obrigkeit, die nicht von Gott wäre" (Römer 13,1).

Zweitens: Dieser Obrigkeit hat er das Schwert in die Hand gedrückt – „Gottes Dienerin ist sie, eine Rächerin zur Strafe an dem, der das Böse tut" (Römer 13,4; siehe auch 1. Petrus 2,13).

Gott hat also das „Amt" der Obrigkeit geschaffen und ihr den Auftrag gegeben, die, die Gutes tun, zu loben, und die, die Böses tun, zu strafen, also die öffentliche Ordnung aufrechtzuerhalten. Das sind die Befugnisse des Staates (der Obrigkeit).

Wenn aber der Staat diese Grenzen überschreitet – durch unberechtigte Angriffskriege oder durch militante atheistische Propaganda und Verfolgung der Christen zum Beispiel oder indem er von seinen Bürgern unverhältnismäßig hohe Steuern verlangt –, dann stellt er sich außerhalb des Willens Gottes.

Ist uns aber etwas aufgefallen? Gott hat diese Anordnungen, die Gericht und Strafe stets rechtfertigen, der *Welt* gegeben und nicht den neutestamentlichen Gläubigen, die nach dem Prinzip der Gnade und der Geduld Christi leben dürfen. Die Welt hat also den gottgegebenen Auftrag bekommen, die öffentliche Ordnung aufrechtzuerhalten – wenn nötig mit dem Schwert. Andererseits hat der Christ *seinen speziellen Auftrag,* und der ist ein ganz anderer als der der Welt, nämlich, der Welt die Gnade und die Geduld Gottes vorzuleben – was oft mit der Aufrechterhaltung der politischen Ordnung wenig zu tun hat.

Wir haben nur zu entscheiden, ob wir der Welt angehören und für diese Weltordnung leben wollen, oder ob wir Kinder Gottes sind, deren höchstes und einziges Anliegen es ist, der Welt die Liebe und Geduld Christi vorzuleben, um Weltmenschen zur Wiedergeburt zu verhelfen.

Es ist eine Sache des Auftrages, und da heißt es, scharf und klar zu denken.

Durch viele Trübsale ins Reich

Natürlich, wer den Weg Christi im Gehorsam geht, wird es im Leben oft schwer haben. Denn dann erfährt er, daß er wirklich ein Fremdling in dieser Weltordnung und um Christi willen oft unerwünscht ist. Es erfordert viel stärkeren Glauben, den Weg Christi zu gehen, als den Weg des „Mitmachens".

Wer aber in irgendeiner Sache wirklich um Christi willen zur Bezeugung seines Weges leidet, der erfährt den Trost Gottes: „Der uns tröstet in all unsrer Trübsal, auf daß wir die trösten können, welche in allerlei Trübsal sind, durch den Trost, mit dem wir selbst von Gott getröstet werden" (2. Korinther 1,4).

Schlagen wir den Weg des Leidens und des „Fremdkörpers" um Christi willen ein – ganz gleich, welcher Art der Weg ist –, brauchen wir uns nie zu fürchten. Gott tröstet uns dann mit seinem eigenen Trost auf eine so reale Weise, wie sie nur die kennen, die den Trost Gottes erfahren haben. Daß dieser Trost allein für all das Schwere Entschädigung genug wäre, bezeugen alle Märtyrer.

Aber nicht nur das: Dieses Leiden um des Wortes Gottes und um Jesu willen ist ein sehr nötiger Bestandteil unseres Trainings für das Reich Gottes (Römer 5,3).

Erst wenn wir selbst diesen Trost Gottes im Leid erfahren haben, werden wir imstande sein, nach unserem oben zitierten Wort andere, die auch leiden, zu trösten. Hat uns das Wort des Kreuzes nie etwas gekostet, werden wir anderen mit dem Wort des Trostes der Heiligen Schrift nie helfen können.

DIE WAFFENRÜSTUNG DES
NEUTESTAMENTLICHEN GLÄUBIGEN

Die Waffen unserer Ritterschaft

Auch der Christ hat Waffen in diesem Zeitalter der
Gnade. Und Krieg führt er auch. Er wird nämlich
aufgefordert: „Gebet auch nicht eure Glieder der
Sünde hin, als Waffen der Ungerechtigkeit" (Römer
6,13).

Unsere Hände, Füße und so weiter sind die Waffen, die Gott in Gerechtigkeit dienen dürfen. Sie
sollten aber niemals als Waffen der Sünde (Übertre-
tung des Willens Gottes) dienen. Meine Hände dürfen Greueltaten (Sünde) im Auftrag anderer Menschen oder auch von mir selbst aus nie tun und so als
sündhafte Werkzeuge dienen.

Also gerüstet sind wir allerdings wirklich bewaffnet – aber bewaffnet, Gott so in Gerechtigkeit zu
dienen, wie auch Jesus Christus bewaffnet war und
Gott gedient hat.

Zur gleichen Zeit haben wir noch viel stärkere
Waffen als unsere körperlichen Glieder: „Die Waffen unsrer Ritterschaft sind nicht fleischlich, sondern mächtig durch Gott zur Zerstörung von Festun-
gen" (2. Korinther 10,4).

Wenn wir im Umgang mit unseren körperlichen
Gliedern treu sind und ebenso in den durch sie zu

verrichtenden Diensten, drückt uns Gott viel stärkere Waffen in die Hand. Mit ihnen können wir einen ritterlichen Krieg gegen die Befestigungen des Teufels führen und Menschen, die Gefangene des Teufels waren – „...und sie wieder nüchtern werden, aus der Schlinge des Teufels heraus, von welchem sie lebendig gefangen worden sind für seinen Willen" (2. Timotheus 2,26) –, aus ihrem teuflischen Gefängnis befreien, um dann nicht mehr den Willen des Teufels als seine Sklaven zu tun.

Mit diesen göttlichen Waffen dringen wir hinter die Weltkulissen in die Geisterwelt hinein, von wo aus die finsteren Mächte die Nationen verführen und sie ins Verderben treiben. Und hier, in den himmlischen Örtern, können wir, wie einst Daniel (Daniel 10,12), *entscheidende Siege durch die Waffe des Gebets* erringen.*

Das ist der eigentliche Auftrag der Kinder Gottes.

Der Überwinder

Kampf setzt Überwindung, Anstrengung, Gefahr, Schwäche oder Ermüdung im Kampf, aber auch einen Endsieg voraus.

Im christlichen Sieg wird es einen solchen Endsieg geben: „Wer überwindet, dem will ich geben, mit mir auf meinem Thron zu sitzen, wie auch ich überwunden habe und mit meinem Vater sitze auf seinem Thron" (Offenbarung 3,21).

---

* A.E. Wilder Smith: „Ergriffen? Ergreife!", Telos Verlag, Hänssler-Verlag, Stuttgart-Neuhausen

Die Gabe des ewigen Lebens, die Gabe der Vergebung der Sünden, ist wie alle Gaben frei. Aber ist
man einmal von neuem geboren, dann fängt die
Überwindung an, die nicht „frei" ist, sondern die
Kampf, Schweiß und Anstrengung kostet. Der
Kämpfer wird siegreich sein, der seinen Kampf so
führt, wie Christus ihn führte.

Der größte Sieg Christi fand am Kreuz statt, wo er
sich selbst für uns aufopferte. Die Selbstaufopferung
ist Christi Weg, und der Jünger Christi ist in diesem
Punkt nicht höher als sein Meister. Auch er muß
wandeln, wie Christus wandelte – selbst in Fragen
des Waffendienstes.

Pazifismus in der heutigen Politik

Während der vergangenen fünfzig Jahre hat man
Gelegenheit gehabt, eine interessante Entwicklung
auf dem Gebiet des Pazifismus in der Politik zu
beobachten. Indien stand während zwei oder mehr
Jahrhunderten unter der Kolonialherrschaft des
„christlichen" England und lernte während dieser
Zeit mancherlei, was man als „christlich" bezeichnen
könnte. Dies trifft gerade auf dem Gebiet des Pazifismus zu.

Mahatma Ghandi, der erste Leiter des entkolonia-
lisierten Landes, ist nie öffentlich oder offiziell
Christ geworden, obwohl er vom Neuen Testament
stark beeinflußt wurde. Die Bergpredigt des Herrn
Jesus Christus machte einen starken und bleibenden
Eindruck auf ihn, so daß er es früh lernte, Gewalt
abzulehnen, um das Böse mit Gutem zu überwinden.

Er sah als junger Mann ein, daß Gewalttat und Krieg keine Probleme wirklich lösen. Als er dann seinen Kampf gegen die Besatzungsmacht Englands plante, ging er entschieden den Weg der Gewaltlosigkeit, um seine politischen Ziele – den Abzug Englands – zu erreichen.

Wichtig ist es zu erkennen, daß er mit seiner Politik der Gewaltlosigkeit keine geistlichen, sondern lediglich politische Ziele erreichen wollte. Das Neue Testament lehrt jedoch die Gewaltlosigkeit, um *geistliche* Ziele zu erreichen. Die Bergpredigt lehrt in diesem Sinn: „Selig sind die Sanftmütigen" (Matthäus 5,5). „Selig sind die Barmherzigen" (Matthäus 5,7). „Darum sollt ihr vollkommen sein, gleichwie euer himmlischer Vater vollkommen ist!" (Matthäus 5,48).

Ghandi führte seinen Kampf gegen England („Civil Disobedience") unter dem strengen Prinzip der Gewaltlosigkeit, der politische Ziele im Auge hatte und mit persönlicher Heiligung und Heiligungszwecken wenig zu tun hatte. Oft genug lag Ghandi selbst in englischen Kerkern, doch zuletzt siegte er. Seine Methoden waren ursprünglich auch denen des heutigen Terrorismus bei weitem vorzuziehen – und auch bedeutend effektiver!

Das damals „christliche" England konnte tatkräftig und mit Überzeugung nicht gegen Ghandi vorgehen, der aus seinem Hindu-Mund, teilweise wenigstens, neutestamentliche, christliche Lehren predigte. Viele Beamte der englischen Besatzung waren praktizierende Christen und besaßen schon deshalb im Herzen nicht den politischen Willen, im Namen einer „christlichen" Nation mit Gewalt gegen die Gewaltlosigkeit und den Pazifismus eines „Heiden" vorzugehen.

Man fragt sich, wie ein atheistisches Land gegen Ghandi vorgegangen wäre. Das atheistische Rußland wäre ganz sicher anders mit ihm fertig geworden! Wahrscheinlich so, wie die Kommunisten mit Ungarn, der ČSSR, der DDR und mit Polen fertiggeworden sind, das heißt mit Panzern! Die atheistische Lehre erlaubt uneingeschränkte, ungeschminkte Gewalt. Der heutige Terrorismus, der einer atheistischen Linksbewegung entstammt, tötet und schießt ebenfalls nach Belieben und ohne Bedenken.

So siegten die „christlichen" Techniken Ghandis gegen die Besatzung Englands in Indien, obwohl Ghandi – und Nehru nach ihm – bewußt kein Christ war. Aber mit Hilfe christlicher Lehre - der Bergpredigt – siegten sie!

Die Folgen dieses einzigartigen Schauspiels – die Gewalttätigkeit eines sogenannten christlichen Landes wird von einem Nichtchristen mit „christlicher" Gewaltlosigkeit gebrochen – sind interessant. Denn kaum hatte Indien mit Hilfe von pazifistischen Techniken die politische Freiheit gewonnen, griff die indische Regierung selbst zur Waffe – also zur Gewalt –, um *mit Waffengewalt* die Portugiesen aus Goa zu entfernen! Kurz nach diesem militärischen Sieg schaffte sich Indien Nuklearwaffen an – die stärksten aller Gewaltmaßnahmen. Um die gleiche Zeit fing auch die militärische Konfrontation mit Rotchina an.

Alle diese militärischen Maßnahmen stellten natürlich die Prinzipien Indiens und Ghandis direkt auf den Kopf. Dazu kam noch, daß Indien es nicht unterließ, zur gleichen Zeit *moralische Reden* an andere Nationen gegen die Waffengewalt vom Stapel zu lassen! Das Volte-face Indiens war komplett.

Doch scheint die indische Führung kaum gemerkt zu haben, daß es sich um ein Volte-face handelte! Denn das Land verlangte gleichzeitig immer mehr Entwicklungshilfe von England, Sowjetrußland und vom Westen, die teilweise dazu benutzt wurde, Nuklearwaffen zu entwickeln, die öffentlich gerechtfertigt werden mußten.

Welche Schlüsse darf man nun aus diesem Schauspiel ziehen?

Erstens: Politische Macht kommt in diesem Zeitalter ohne nackte Gewalt nicht aus. Ghandis politische Macht wurde auf der Basis eines Ausnahmezustandes errungen – die „christlichen" Engländer respektierten die Worte der Bergpredigt im Mund eines Nichtchristen. Andere nichtchristliche Länder und Führer - Rußland, China, Hitler, Castro und so weiter – hätten Ghandi wahrscheinlich einfach liquidiert, um so seinen Pazifismus im Keim zu ersticken – wie sie es jetzt in der UdSSR im Kampf gegen die Mennoniten, die Stundisten und Baptisten tun, die auch nicht bewaffnet sind und auch nicht mit Gewalt vorgehen.

Weil die Menschheit gefallen ist, braucht die politische Macht (die Obrigkeit) offenbar Waffengewalt, sonst kann sie sich in diesem Zeitalter der Sünde nicht durchsetzen. Die Obrigkeit kann diese Macht entweder gerecht gebrauchen, um die Guten zu schützen und zu fördern, oder sie mißbrauchen, um die Bösen zu fördern und die Guten zu verfolgen, wie es augenblicklich in kommunistischen und anderen Ländern geschieht.

Keine Gewalt wäre nötig, wenn der Mensch nicht ein Sünder wäre. Wenn alle Menschen „Engel" wären, würden alle Systeme – Faschismus, Kommunismus oder gar Anarchie – tadellos funktionieren. Nur die Bosheit und die Sündhaftigkeit der Menschen bereiten menschlichen politischen Systemen soviel Sorge. Gewalt ist deshalb in der Welt von Sündern politisch nötig. Sünder müssen im Zaum gehalten werden, weil sie nicht auf Vernunft und Recht hören. Sie sind Sünder! Deshalb gab Gott der Obrigkeit das „Schwert" in die Hand – zum Gebrauch, nicht aber zum Mißbrauch. Sonst wären Ordnung und Zivilisation unter sündhaften Menschen einfach nicht möglich. Anarchie würde das Ergebnis sein – denn Sünder sind im Grunde genommen Anarchisten!

Zweitens: Wenn sich ein bewußter Nichtchrist wie Ghandi – oder Nehru nach ihm – *Teile* des christlichen Lehrguts aneignet, ohne sich aber das ganze christliche persönliche Gut des persönlichen Heils in der Vergebung der Sünden und der Erneuerung des Geistes durch die Wiedergeburt auch anzueignen, dann bleibt ein solcher Nichtchrist, der mit christlichen Teildoktrinen umgeht, charakterlich ohne Fundament. Die Versuchungen der politischen Macht überfahren seine bisherigen moralischen Überzeugungen sehr schnell. Wenn ein solcher Nichtchrist fähig ist, die Lehre der Bergpredigt über die Gewaltlosigkeit, nicht aber die Lehre der persönlichen

Wiedergeburt des ganzen Menschen zu verstehen, die die Erneuerung des Willens, des Charakters und des persönlichen Wesens nach sich zieht, dann bleibt er in seinen Teilüberzeugungen unsicher.

Ohne irgendwelche Bedenken im Blick auf Gewaltlosigkeit griff Indien die winzig kleine Kolonie Portugals (Goa) mit Waffengewalt an.

Das militärische Resultat war von vornherein klar. Mut brauchte man für einen solchen Angriff nicht. Mut hätte aber Indien gebraucht, um seine Doktrin der Gewaltlosigkeit zu entwickeln und fortzusetzen, wenn es sich öffentlich zu den anderen christlichen Lehren bekannt hätte, von denen es seine Teildoktrinen des Pazifismus selektiv empfangen hatte. Diesen Mut und diese Überzeugung brachte es aber nicht auf. Ohne weitere Überlegungen griff Indien Goa an, als sich die günstige Gelegenheit ohne Gefahr anbot – was eine gewisse charakterliche Unreife an den Tag legte.

Man kann also bloße Teile der christlichen Lehre annehmen und andere Teile, die die Erneuerung und Stärkung des Charakters in der Wiedergeburt betreffen, außer acht lassen – wie Ghandi, Nehru und ihre Nachfolger es taten. Sie blieben ohne wirkliche Überzeugung dem Autor ihrer Teillehre, Christus, gegenüber. Ihre Doktrin der Gewaltlosigkeit kippte in den Versuchungen der politischen Macht sehr schnell um, weil sie die Ganzheit des Christentums, die den ganzen Menschen erneuert, nicht annahmen.

Das gleiche geschieht heute bei manchem „Halbchristen" – die Kraft der christlichen Ganzheit kennt man zu wenig.

Drittens: Die Lehren der Bergpredigt sind für bloße *politische* Zwecke nicht geeignet und nicht gedacht. Sie sind für *persönliches* Heil und für *persönliche* Vollkommenheit und Heiligung gedacht. Sie für bloße politische Zwecke auszunutzen, stellt einen Mißbrauch, ja eine Prostituierung der Bergpredigt dar.

In erster Linie lebt der Christ nicht in dieser Welt, um über Nationen mit Hilfe von Waffengewalt zu herrschen, sondern um so viele Menschen wie möglich charakterlich und persönlich innerlich aus diesem Weltsystem der Gewalt, der Sünde und des Unrechts zu retten. Der Christ ist in erster Linie auf der Erde, um zu helfen, daß Menschen durch die Wiedergeburt aus dem „Feuer" des Gerichtes Gottes gerettet werden (Judas 23). Für diesen Zweck braucht er keine Gewalt, sondern das innere Erlebnis des Kreuzes Christi, das *persönliche,* heilige (nicht politische) Gewaltlosigkeit darstellt.

Viertens: Wenn nun ein wiedergeborener Christ an die Bergpredigt Christi glaubt und auch weiß, daß er aus Liebe und Dankbarkeit das Kreuz und die Gnade Gottes als die erste Priorität in seinem Leben vorleben darf, und dabei nicht vor der Zeit richten möchte, dann wird er ernsthaft überlegen, was für einen irdischen Beruf er ergreifen soll. Wenn er erst später im Leben eine Wiedergeburt in christlichem Sinn erlebt, wird er prüfen, ob er im bisherigen Beruf bleiben kann. Wenn sich dies mit dem Gewissen vereinbaren läßt, mag er im Beruf bleiben, in dem er berufen wurde (1. Korinther 7,20).

F. D. Frost, General der ehemaligen indischen Armee, bekehrte sich, als er über 45 Jahre alt und schon General war. Nach einiger Zeit kam er zu dem Schluß, daß seine neue Berufung als Christ ein Ausdruck des Kreuzes und nicht des Gerichtes sein sollte. So ging er frühzeitig in den Ruhestand, um Evangelist zu werden. Durch seine gesegnete Tätigkeit als Evangelist wurde ich persönlich mit Christus konfrontiert. Er pflegte aber bis zu seinem Tod herzliche Beziehungen zu seinen Brüdern unter den Offizieren. Es handelte sich um eine neue Erkenntnis und um eine neue Berufung für den General. Er wollte nicht andere durch seine Entscheidung, in den Ruhestand zu gehen, verurteilen.

Alle, die den Namen Christi tragen, müssen gründlich überlegen, wie sie die Prioritäten in ihrem Leben festlegen wollen. Es ist das Gebot Christi, *zuerst* das Reich Gottes zu suchen (Matthäus 6,33). Das Suchen des Reiches Gottes muß das *erste* Anliegen eines Christen sein. Dieses Suchen darf nie ein bloßes Nebenprodukt des Lebens sein, das erst nach dem Beruf berücksichtigt wird. Die Priorität setzt voraus, daß der Christ *zuerst* das Kreuz Christi berücksichtigt. Solange man gerade das zuerst tun kann – auch im Beruf –, ist alles weitere klar. *An diesem Punkt* wird beim wirklichen Christen alles entschieden.

Wenn ein Christ aus oben angegebenen und besprochenen Gründen keine Waffe tragen will, weil er vor der Zeit nicht richten möchte, dann kann er sich bei den Sanitätern melden – solange die Sanitäter keine Waffe tragen und nicht für kriegerische Zwecke ausgebildet werden.

Die Überlegungen sind hier also alle persönlicher Art. Sie haben mit Politik nur indirekt und zweitrangig zu tun. Es handelt sich um das persönliche Gewissen des Christen, das biblisch gebunden sein darf. Dieses biblisch gebundene Gewissen setzt biblische Erkenntnis und persönlichen Gehorsam biblischen Erkenntnissen gegenüber voraus. Ohne biblische Erkenntnis kann man von keinem Christen verlangen, Gewissensentscheidungen dieser Art zu fällen.

Gladstone war ein evangelistischer Christ, der unter Königin Viktoria Premierminister von England wurde. Wilberforce und „The Clapham Set" waren auch bewußte Christen, die zum Wohl ihres Landes politisch tätig waren. Man kann von ihnen Erkenntnisse über die Bergpredigt und über die Gewaltlosigkeit kaum verlangen, denn solche Erkenntnisse waren damals in christlichen Kreisen rar. Hier muß man tolerant sein, indem man nur das lehrt, was einem persönlich zum Segen wurde, und dafür sorgen, daß man anders Denkende nicht richtet, wenn sie anders handeln und auch anders denken als wir. Denn Erkenntnis soll nicht statisch, sondern dynamisch sein – sonst schwindet sie! Jeder wird von seinem Herrn gerichtet und nicht von Menschen.

Die Hauptsache bleibt also, daß wir zunehmende Erkenntnis aus der Bibel sammeln und ihnen dann sofort nach deren Erlangung gehorchen.

So wie der Meister Christus auf Erden wandelte, so darf auch der Jünger - in seinem Beruf und in seiner Familie – wandeln. Weil aber der Jünger strauchelt, wird er vor allen Dingen sehr demütig sein – dies ist eine maßgebende Erkenntnis!

Es gibt also mindestens zwei Standpunkte in diesem Fragenkomplex: Einige Christen meinen, daß sie jetzt schon richten dürfen, ehe Christus wiederkommt, indem sie zur Waffe (oder zu gerichtlichen Prozessen, siehe 1. Korinther 6,6-8) greifen. Diesen Standpunkt muß man respektieren, wenn ihn ihre Verfechter anhand der Bibel rechtfertigen können.

Andere Christen sind im Gegenteil der Überzeugung, daß sie vor der Zeit nichts richten dürfen – auch vor einem zivilen, gerichtlichen Prozeß nicht (siehe 1. Korinther 6,6-8). Solche greifen nicht zur Waffe.

Ein jeder Christ aber sei in seinem eigenen Sinn völlig überzeugt (Römer 14,5).

Persönlich glaube ich, daß mein Beruf auch ein Ausdruck meiner inneren Überzeugung sein darf. Auf diese Weise versucht man, ein Brief Gottes zu sein, der von allen Menschen – auch ohne Worte – gelesen wird (2. Korinther 3,2). Der Lebenswandel macht die Gesinnung Gottes den Menschen gegenüber klarer als viele Worte. Jemand sagte mir einmal, daß die Taten und die Lebensweise eines bestimmten Christen so laut redeten, daß man seine frommen biblischen Worte nicht mehr hören könne!

Anhang I

BÜRGERRECHTE UND DOPPELBÜRGER

Zum vorhergehenden Text wäre der Gedanke hinzuzufügen, daß der Christ in erster Linie Glied einer neuen Nation ist.

Nun, eine Nation ist eine Gruppe von Menschen, die im idealen Fall eine gemeinsame Kultur haben und auch eine gemeinsame Sprache sprechen. Zu dieser Regel gibt es heute natürlich sehr viele Ausnahmen: Kanada, die USA, die Schweiz, die UdSSR, die ČSSR, das vereinigte Königreich Großbritannien und so weiter schließen verschiedenartige Kulturen und Sprachen ein.

Die Verschiedenartigkeiten der Kulturen und der Sprachen schwächen eine Nation als handelnde kulturelle und politische Einheit. Einheitliche Kultur und Sprache schweißen eine Nation zu einer Einheit zusammen.

Nun, auch der Deutsche erhält, wenn er sich an den Herrn Jesus Christus um Vergebung seiner Sünde und die Erneuerung seines Geistes wendet, die Mitgliedschaft in einer neuen nationalen Einheit. Er erhält eine neue Kultur, die auf der Gesinnung Jesu Christi gegründet ist. Dazu erhält er eine neue Sprache, die Sprache des Logos selbst. Seine ganze Denkweise und auch seine ganze Lebensweise wird durch die Wiedergeburt in eine neue Nation erneuert, denn als Christ ist *alles* neu geworden. Die alte Lebensweise ohne Christus beherrscht sein Leben nicht mehr. In Christus ist alles neu geworden.

Doch wird seine alte deutsche Nationalität nicht aufgehoben, sie wird durch seine neue Nationalität transformiert. Er ist immer noch ein Deutscher, er besitzt die gleiche alte Sprache und die gleiche deutsche Kultur, die er durch seine Geburt als Deutscher mitbekam. Er ist ein geborener Deutscher. Doch ist er durch seine Wiedergeburt und die Vergebung seiner Sünden und durch die Erneuerung seines Geistes innerlich, geistlich gesehen, Glied einer neuen Nation geworden. Mit seiner Wiedergeburt hat er ein neues Bürgerrecht erlangt: „So seid ihr nun nicht mehr Fremdlinge und Gäste, sondern *Mitbürger* der Heiligen und *Gottes Hausgenossen"* (Epheser 2,19).

Das Haus stellt den Ort dar, wo wir täglich ein- und ausgehen, wo wir Glieder der Familie sind: *Gottes Hausgenossen!* „Denn das *Reich,* indem wir *Bürger* sind, ist in den Himmeln, und aus ihm erwarten wir auch als Heiland den Herrn Jesus Christus" (Philipper 3,20).

Das Wort, das mit „Reich" übersetzt wird, heißt „politeuma" und bedeutet „Status des politischen Bürgers". Nach diesem Gedanken besitzt also der wiedergeborene Christ ein doppeltes Bürgerrecht. An erster Stelle ist er Bürger des kommenden Reiches Christi, das jetzt, auf Erden verborgen, im Herzen der Gläubigen ist und später auf der Erde im Tausendjährigen Reich Christi ausgerufen wird. An zweiter Stelle ist er ein Bürger seiner irdischen Nation.

Der Christ ist also ein Doppelbürger, wobei seine

neue, durch die Wiedergeburt bedingte Nationalität den Vorrang erhält.

Die neue Nationalität, das neue Bürgerrecht des Christen, ist jetzt verborgen, wird aber eines Tages bei der Wiederkunft Christi allen Menschen offenbar werden: „Denn wir wissen, daß die ganze Schöpfung mitseufzt und mit in Wehen liegt bis jetzt; und nicht nur sie, sondern auch wir selbst, die wir die Erstlingsgabe des Geistes haben, auch wir erwarten seufzend die Sohnesstellung, die Erlösung unsres Leibes" (Römer 8,22-23).

Meine Tochter kam in den USA zur Welt, als ich in Chicago Professor war. Durch ihre Geburt in den USA ist sie Amerikanerin. Aber ihr Vater ist gebürtiger Engländer, und nach englischer Gesetzgebung muß sie als Engländerin betrachtet werden. So ist sie Doppelbürgerin – zur gleichen Zeit Engländerin und Amerikanerin.

In diesem Sinn ist jeder wiedergeborene Christ ein Doppelbürger. Seine irdische Geburt bestimmt seine irdische Nationalität und sein irdisches Bürgerrecht. Seine geistliche Wiedergeburt bestimmen jedoch seine Nationalität und sein Bürgerrecht in Christi Reich.

Er wird deshalb versuchen, ein guter Bürger seiner irdischen Heimat zu sein. Doch wird seine geistliche Nationalität seine Gesinnung bestimmen, sie wird das Vorrecht über seine irdische Nationalität einnehmen. Solange ihn sein irdisches Bürgerrecht zu nichts auffordert, was gegen seine zweite und wichtigere Nationalität verstößt, wird keine Kollision zwischen den beiden vorkommen. Wenn aber eine

Kollision passiert, wird der Christ der zweiten Nationalität immer die Priorität einräumen.

Diese Überlegungen werden in der Bergpredigt sehr klar vor Augen geführt – besonders im Text von Matthäus 6,33. Der Herr Jesus wollte den Jüngern klarmachen, wie sie ihre Prioritäten festlegen sollten, und sagte, daß sie in allen Dingen *zuerst* das Reich Gottes suchen dürfen.

So nimmt das himmlische Bürgerrecht, das wir durch die Wiedergeburt erhielten, das Vorrecht über das irdische Bürgerrecht ein.

Anhang II

PATRIOTISMUS UND KRIEG

Es gibt aber noch einen anderen Aspekt des Bürgerrechtes, den wir unter Anhang I erwähnten. Das irdische Bürgerrecht ist aus folgenden Gründen oft mit schwerwiegenden Hintergedanken belastet, auf die wir ein wenig eingehen müssen.

Wir Menschen besitzen nur ein Leben. Verlieren wir dieses Leben, haben wir, menschlich gesehen, unser totales Hab und Gut verloren. Verlieren wir dieses Leben, besitzen wir nichts mehr, womit wir Gott oder Menschen dienen können. Unser Leben ist also, menschlich gesehen, unser höchstes Gut. Aus diesem Grund sagte Satan, als er vor Gott trat, daß der Mensch alles um sein Leben gibt (Hiob 2,4-5).

Nun, im Krieg riskiert der Mensch – meist der junge Mensch, der sein Leben normalerweise vor sich hat – gerade sein höchstes Gut, sein Leben. Überlegen wir jetzt einen Augenblick, was der moderne Krieg von seinen Teilnehmern verlangt.

Wirtschaft – und vielleicht auch Religion – spielen bei allen Kriegen eine maßgebliche Rolle. Machtpolitische und wirtschaftliche Gründe sind heute Triebfedern der meisten kriegerischen Auseinandersetzungen – auch dort, wo man sie hinter Ideologien versteckt. Irgendein Fürst, König, Scheich, Diktator oder industrieller Magnat möchte seine Macht – oder seinen Markt – auf neue Gebiete ausdehnen.

Gewisse Menschen lassen sich von Habgier und Machtgier zu ungeheuren Leistungen antreiben, um ihre Ziele zu erreichen. Bei diesen Zielen geht es meistens um größere Macht – sei sie politisch oder wirtschaftlich, das spielt hier eine untergeordnete Rolle.

Um solche Ziele zu erreichen, müssen andere Menschen koordiniert werden. Wenn es um Krieg geht, müssen solche „koordinierte" Menschen meist jung sein. Dazu müssen sie willig sein, ihr Leben, das heißt ihr alles, aufs Spiel zu setzen.

Als einige Reporter mit Mao vor seinem Tod sprachen, fragten sie den Diktator, ob die Millionen von Todesopfern, die die Revolution in China kostete, lohnenswert und zu verantworten seien. Mao antwortete, daß diese hohen Opfer nicht nur zu verantworten gewesen seien, man hätte ruhig noch mehr für ein solch hohes Ziel riskieren können.

Sicher, vom Standpunkt Maos aus war ein solches Opfer durchaus lohnend, denn er mußte nicht sterben und gewann an Macht! Um seinen Gewinn sicherzustellen, mußten andere Menschen alles - ihr Leben, ihr ganzes Hab und Gut – einbüßen. Wenn es nun nach atheistischer, kommunistischer Lehre kein Jenseits und keine Auferstehung gibt, dann haben diese Opfer der Revolution alles total verloren, damit Mao und seine Leute mehr irdische Macht erhielten.

Diese Tatsache stellt eine ganz unverschämte, ungerechte Ausnutzung einer Klasse von Menschen (den Opfern) zugunsten einer anderen (den Herrschenden) dar! Die kommunistische Führung nahm in der Praxis vielen Menschen alles, plünderte sie total aus, indem sie ihnen ihr Leben nahm, während die Führung nur Gewinn hatte. Dies stellt effektive Klassenunterschiede *par excellence* dar.

Warum kämpft eine solche kommunistische Führung gegen wirtschaftliche Ausnutzung bestimmter Klassen, während sie und die meisten überzeugten Kommunisten jederzeit bereit sind, andere Menschenklassen (die kleinen Kommunisten, die aus Idealismus an der Front stehen) um ihr alles zu bringen? Solche Ausnutzung ist total und nicht bloß wirtschaftlich.

Henry Ford und andere industrielle Magnate Amerikas bauten die großen Auto- und Elektrofabriken Rußlands. So hat Ford zum Beispiel die große Autofabrik bei Gorki gebaut, die Jeeps, Autos und Kriegsvehikel produziert. In der Zwischenzeit haben Fiat und andere westliche Firmen noch größere Werke in der Sowjetunion errichtet. So baut der Westen das Kriegspotential Sowjetrußlands auf. Finanzen fließen unaufhörlich nach Rußland, so daß der Ostblock dem Westen gegenüber in großen Schulden steckt, die von Jahr zu Jahr zunehmen. Die Exporte von Fabriken und Material werden zu einem großen Teil mit Hilfe der Steuergelder westlicher Steuerzahler finanziert. Der Westen bezahlt in der Tat Sowjetrußland und den Ostblock, damit sie westliche Waren und Technologien einkaufen können.*

Industrie, Technologie und Innovation können sich

---

* Antony C. Sutton, National Suicide, Military Aid to the Soviet Union, Arlington House, New Rochelle, USA. Seiten 1 - 283. Eine Dokumentation

nur dort entwickeln, wo persönliche Freiheit vorhanden ist. Diktatoren, die den einzelnen um seine persönliche Freiheit bringen, töten den Erfindergeist, so daß eine von einem Diktator oder von einer Bürokratie zentralgesteuerte Gesellschaft oder eine Planwirtschaft bezüglich neuer Technologie immer ins Hintertreffen geraten wird.

Deshalb hat Rußland eine überholte Technologie, deshalb konnte die Sowjetunion keinen Menschen auf den Mond setzen. Das Land besitzt keine oder zu wenige Erfinder, obwohl die Russen an sich sehr intelligent sind. Der Geist der Diktatur tötet die Privatinitiative zugunsten der Staatsinitiative, die in der ganzen Welt dafür bekannt ist, daß sie „Geist" blockiert. Deshalb ist Amerika die große Quelle technologischen Könnens für die ganze Welt – Amerika war das Land der persönlichen Freiheit.

In den letzten Jahrzehnten hat sich dieses freiheitliche Bild Amerikas grundlegend geändert. Das Land wird mehr und mehr bürokratisch-zentral gesteuert, so daß die persönliche Freiheit ein Phänomen der Vergangenheit wird. Zur gleichen Zeit klagen die Amerikaner darüber, daß die alte Generation der unabhängigen Erfinder ausstirbt. Persönliche Freiheit wird immer mehr eingeschränkt. Parallel schwindet der amerikanische Erfindergeist, der die neue, kommende Technologie liefern soll. Das Momentum der Vergangenheit sorgt noch dafür, daß amerikanische Flugzeuge und Nukleartechnologie denen anderer Nationen überlegen sind. Dieses Bild wird sich aber bei fortschreitend schwindender persönlicher Freiheit in Amerika auch ändern.

Maßgeblich in dieser Richtung ist die Ausbreitung der Macht des amerikanischen I.R.S. (Steuerbehörde). Das Rückgrat des Landes war der private Erfinder, der jetzt von der Gewalt der zentral gesteuerten Bürokratie und Steuerbehörde erdrückt wird.

Als die amerikanischen G.I.s in Südvietnam kämpften, zogen sie gegen einen Feind zu Felde, der zu einem großen Teil mit Waffen ausgerüstet war, die Henry Ford und Rockefeller auf Kosten der amerikanischen Steuerzahler nach Rußland lieferten. Die Panzer und Kugeln, die die jungen amerikanischen Soldaten in Südvietnam töteten, stammten zu einem sehr großen Teil aus Fabriken, die die Amerikaner und Westeuropäer nach Sowjetrußland geliefert hatten. Die Panzer und andere Vehikel, die auf dem Ho-Chi-Ming-Trail verkehrten, um den feindlichen Truppen Nachschub zu liefern, stammten aus von Amerikanern und Westeuropäern in Rußland gebauten Fabriken.

Die Sowjetdiktatur hat die einheimische Entwicklung dieser Technologie durch ihre Bürokratie erstickt, so daß sie, sich selbst überlassen, den Amerikanern gegenüber machtlos geblieben wären. Was der Kommunismus getötet hatte – den Erfindergeist, den nur die persönliche Freiheit entwickelt –, das lieferte die freie amerikanische Wirtschaft, so daß Rußland eine militärische Gefahr für Amerika wurde.

Doch war die Habgier amerikanischer Industrieller so groß, daß sie der feindlich gesonnenen Sowjetunion die Waffen und Fabriken lieferten, um mehr Gewinn für sich zu sammeln.

Der eigentliche Gewinn kam natürlich von dem amerikanischen Steuerzahler, der die Finanzen lieferte, um diese Fabriken in Rußland zu bauen. Die Sowjets verdienten durch ihre Planwirtschaft nicht genügend Geld, um die Lieferungen selbst zu bezahlen.

Die Panzer und Kugeln, die die jungen amerikanischen G.I.s töteten, entstammten westlichem Erfindergeist und westlichen Finanzen. So tötete der Westen seine eigenen Soldaten. Das diente natürlich dem Sowjetplan sehr gut – der Westen vernichtet sich selbst. Amerikanische Industrielle lieferten die Waffen und das Know-how, um ihre eigenen Landsleute und Söhne zu töten.

Das gleiche Spiel wurde von den gleichen Leuten Hitler gegenüber gespielt. Auch Hitler wurde während des Krieges gegen Amerika von amerikanischen Finanzen und amerikanischer Technologie maßgeblich unterstützt. Antony C. Sutton legte eine diesbezügliche Dokumentation aus Regierungsquellen in Washington detailliert vor.*

So starben Zehntausende von jungen amerikanischen Soldaten. Eine noch größere Zahl wurde infolge der Habgier und des Geschäftsgeistes amerikanischer Industrieller verstümmelt. Amerikaner kämpften auf dem Schlachtfeld gegen amerikanische Technologie und Industrie, die mit Hilfe amerikanischer Steuergelder finanziert wurden. Amerikanische Großindustrielle wie Ford und Rockefeller verdien-

* Antony C. Sutton, Wall Street and the Rise of Hitler, 1976 Press, Seal Beech, California, USA.1976

ten Vermögen durch die Rußlandhilfe, die von den amerikanischen Steuerzahlern finanziert wurde. Zur gleichen Zeit kehrten Zehntausende nie wieder nach Hause zurück – nur ihre Leichen wurden nach Hause gebracht und dort beerdigt.

Die Geschichte des Vietnamkrieges ist noch nicht zu Ende erzählt. Die Amerikaner verloren den Krieg trotz des riesigen Einsatzes von Menschen und Mitteln. Infolge der schwachen amerikanischen Diplomatie wurde das Opfer von so vielen jungen Männern vergeblich gebracht. Denn Henry Kissinger schloß einen „Frieden", der das Land an den Kommunismus direkt verkaufte. Dafür erhielt er sogar den Nobel Friedenspreis, während Le Duc To den Friedenspreis für einen derartigen Verrat ablehnte. Trotz des Todes von Zehntausenden wurde das freie Land dem Kommunismus ausgeliefert, wobei der Osten sein Vertrauen zum guten Willen des Westens und der westlichen Ideale verlor.

Angesichts dieser Tatsachen, die vielen heute bekannt sind, fragt man sich, ob es, rein menschlich gesehen, lohnenswert sein kann, das höchste Gut, das wir besitzen, nämlich das Leben selbst, für die Verlogenheit und Habgier einiger wichtiger reicher Magnate aufs Spiel zu setzen.

Früher haben die Kaiser, die Könige und ihre Fürsten ähnliche Spiele mit Menschenleben durchgeführt, um sich noch größer zu machen. Ihre „Spiele" waren natürlich viel kleiner und unbedeutender als die modernen „Spiele". Ihr Grundcharakter war wohl gleich, doch war ihr Ausmaß klein – verglichen mit heutigen industriellen Verhältnissen. Heute werden Soldaten durch die Technologie und das Know-how ihrer eigenen Nation getötet.

Die Bibel hat recht, wenn sie behauptet, daß die ganze Welt im argen liegt (1. Johannes 5,19). Dies schließt natürlich meine irdische Heimat mit ein. Wenn sie sich dem Bösen verkauft hat, dann muß ich als Christ sehr vorsichtig sein, wieweit ich ihr diene. In allen Dingen muß ich ihr zum Guten dienen. Wenn sie aber von mir Böses oder Unsinniges verlangt, muß ich mich weigern. Wenn sie mir mein höchstes Gut nehmen will, weil einige Magnate noch mächtiger werden möchten, dann überlege ich mir das sehr gut, ehe ich einwillige.

Diese Überlegungen werden immer wichtiger werden, je weiter wir in die Endzeit hineinkommen. Denn in der Endzeit wird die Liebe in vielen erkalten, und die Ungerechtigkeit wird überhandnehmen.

Ein Christ darf sein Leben nicht für das, was prinzipiell ungerecht ist, aufs Spiel setzen, denn sein Leib ist der Tempel des Heiligen Geistes, der heilige Werke von ihm erwartet und nicht Werke, die der Ungerechtigkeit in irgendeiner Form dienen.

Weil Ungerechtigkeit rapide überhandnimmt, ist es nicht verwunderlich, daß der alte Patriotismus verebbt und Zynismus floriert. Nur eine geistliche Erweckung, die Menschen innerlich erneuert, kann unsere Kultur vor dem Untergang in Zynismus und Ungerechtigkeit retten. Deshalb bleibt die Hauptaufgabe des Christen die Rettung einzelner Menschen aus dem Feuer und der Verwesung der Endzeit, ehe der Herr Jesus Christus zurückkommt, um sein Reich der Gerechtigkeit auf Erden aufzurichten.

LITERATURVERZEICHNIS

TELOS-Wissenschaftliche Reihe 4001
Die Erschaffung des Lebens
A.Ernest Wilder Smith
256 Seiten, Paperback

TELOS-Wissenschaftliche Reihe 4003
Gott: Sein oder Nichtsein?
A.Ernest Wilder Smith
160 Seiten, Paperback

TELOS-Wissenschaftliche Reihe 4008
Grundlage zu einer neuen Biologie
A. Ernest Wilder Smith
220 Seiten

TELOS-Taschenbuch Nr. 106
Herkunft und Zukunft des Menschen
A. Ernest Wilder Smith
304 Seiten, 20 Bildseiten

TELOS-Paperback 1004
Ist das ein Gott der Liebe?
A. Ernest Wilder Smith
128 Seiten

TELOS-Paperback 4005
Ursache und Behandlung der Drogenepi-
demie
A. Ernest Wilder Smith
178 Seiten

TELOS-Verteilheft 017
Warum läßt Gott es zu?
A. Ernest Wilder Smith
62 Seiten

HänsslerVerlag, Neuhausen-Stuttgart
Der Mensch im Streß
A. Ernest Wilder Smith
132 Seiten

TELOS-Taschenbuch Nr. 128
Ergriffen? Ergreife!
A. Ernest Wilder Smith
166 Seiten

Prodromos Serie Nr. 4 (Hänssler)
Tauferkenntnis und Liebe zu Jesus Christus
A. Ernest Wilder Smith
geheftet, 70 Seiten

Prodromos Serie Nr. 2
Die Ehe
A. und B. Wilder Smith
geheftet, 48 Seiten

Prodromos Serie Nr. 1 (Hänssler)
Christus mit auf der Flucht
Beate Wilder Smith
geheftet, 19 Seiten

TELOS-Paperback Nr. 6401
The Causes and Cure of The Drug Epide-
mie
A. Ernest Wilder Smith
166 pages

TELOS-Paperback Nr. 6402
God: to be or not to be
A. Ernest Wilder Smith
approx. 158 pages

TELOS-Englische
Taschenbuch-Reihe 6403
Man's Origin, Man's Destiny
A. Ernest Wilder Smith
320 pages, pocketbook

TELOS-Paperback Nr. 6404
A Basis for a New Biology
A. Ernest Wilder Smith
291 pages

Is this a God of Love?
A. Ernest Wilder Smith
Paperback, 133 pages

TELOS-Französische Ausgaben
TELOS-Paperback Nr. 6054
Un Dieu d'Amour dans un Monde de
Souffrance
A. Ernest Wilder Smih
128 Seiten

Prodromos Serie Nr. 6 (Hänssler-Verlag)
Kunst und Wissenschaft der Ehe
A. und B. Wilder Smih
168 Seiten

Prodromos Serie Nr. 5 (Hänssler-Verlag)
Allversöhnung – Ausweg oder Irrweg?
A. Ernest Wilder Smith
78 Seiten

Schwabe & Co., Verlag, Basel
Die Naturwissenschaften kennen keine
Evolution
A. Ernest Wilder Smith

Prodromos Serie Nr.3 (Hänssler-Verlag)
Christsein – Warum und wie?
A. Ernest Wilder Smith
19 Seiten